CHERCHE ET TROUVE LES JOUEURS DE L'OM

Illustrations de
Marta Comito

Retrouve tes joueurs préférés
et pars à la recherche de supporters du club
et objets cachés dans chaque scène !

Hugo Jeunesse

EN TRIBUNES

C'est jour de match à l'Orange Vélodrome !
Les tribunes sont pleines à craquer de supporters.
Tout le monde encourage les joueurs de l'Olympique de Marseille,
qui ont déjà commencé à jouer sur le terrain.

DROIT AU BUT
OLYMPIQUE DE MARSEILLE
1899
Allez l'
DROIT AU BUT
DROIT AU BUT
UN TROPHÉE
Observe la scène et trouve :

L'ARRIVÉE AU STADE

Le bus de l'Olympique de Marseille vient d'arriver à l'Orange Vélodrome. Décoré avec le logo du club, il transporte l'équipe entre les entraînements et les matchs. C'est une véritable foule de supporters qui les attend devant l'entrée du stade !

BILLETTERIE
DROIT AU BUT
EZ L'
UN TROPHÉE
Observe la scène et trouve :

LA FAN ZONE

La fan zone a ouvert ses portes. Les supporters sont venus encourager leur équipe préférée devant l'écran géant. Drapeaux, banderoles, maillots et ambiance festive sont au rendez-vous, tout le monde est prêt. Le match peut commencer !

DROIT AU BUT
OLYMPIQUE DE MARSEILLE
DROIT AU BUT !!!
YMPIQUE DE MARSEILLE
CMA CGM
ALLEZ L'
Allez l'
UN TROPHÉE
Observe la scène et trouve :

ENTRÉE SUR LE TERRAIN

L'équipe de l'Olympique de Marseille entre sur le terrain, sous les cris et applaudissements des tribunes. Les joueurs s'échauffent avant le début du match. Les journalistes sportifs se préparent à commenter la compétition à la télévision. Allez l'OM !

L'
DROIT AU BUT
ALLEZ L'
CMA CGM
UN TROPHÉE
Observe la scène et trouve :

LE VIEUX-PORT

Le Vieux-Port est très animé aujourd'hui. Les joueurs de l'OM se promènent au milieu du marché et viennent à la rencontre des habitants de Marseille, qui n'hésitent pas à demander des autographes sur leurs maillots et leurs drapeaux.

DROIT AU BUT
CMA CGM
UN TROPHÉE
Observe la scène et trouve :

VICTOIRE !

C'est la victoire pour l'OM ! Les joueurs de l'équipe fêtent leur triomphe sur la pelouse du stade Orange Vélodrome, sous les cris joyeux du public. Tout le monde s'amuse après le match, même le staff saute de joie !

DROIT AU BUT
CMA CGM
UN TROPHÉE
Observe la scène et trouve :

LES CALANQUES

L'été arrive à Marseille et les joueurs profitent de quelques jours de vacances à la plage. Au programme : baignade, pétanque, kayak et repos sur le sable. L'occasion de prendre des forces avant les prochains entraînements !

DROIT AU BUT
AU BUT
CMA CGM
ALLEZ L'OM
UN TROPHÉE
Observe la scène et trouve :

FÊTE DANS LES VESTIAIRES

Après la victoire, c'est la célébration dans les vestiaires !
Toute l'équipe est réunie. Certains chantent, d'autres dansent joyeusement au milieu des sacs, chaussures et maillots étalés sur le sol.
C'est un joyeux bazar !

DROIT AU BUT
CMA CGM
UN TROPHÉE
Observe la scène et trouve :

DANS LES RUES DU PANIER

Les rues du Panier sont remplies de monde après le match de ce soir, et certains joueurs se sont même mêlés à la foule ! Les Marseillais sont très fiers de leur équipe. La fête va se poursuivre tard dans la nuit.

ALLEZ L'
DROIT AU BUT
CMA CGM
UN TROPHÉE
Observe la scène et trouve :

LA PARADE

L'équipe des Phocéens parade dans les rues de Marseille.
Il y a beaucoup de policiers pour assurer la sécurité.
Perchés tout en haut du bus, les joueurs sont visibles par tous.
De quoi faire de jolies photos-souvenirs !

ALLEZ L'OM
DROIT AU BUT
DROIT AU BUT
DROIT AU BUT!!!
UN TROPHÉE
Observe la scène et trouve :

CÉLÉBRATION DE L'ÉQUIPE

Il y a du monde à la mairie de Marseille ! Les journalistes se tiennent sur le balcon, au-dessus de la foule. Comme la mairie se situe à côté du port, quelques personnes profitent même de la fête depuis leur bateau.

Observe la scène et trouve :

ENTRAÎNEMENT

Retour à l'entraînement pour les Marseillais ! La séance du jour est ouverte à tous, beaucoup de supporters sont venus y assister. Pendant que plusieurs joueurs commencent les exercices, certains signent quelques autographes.

DROIT AU BUT
Allez l'OM
CMA CGM
UN TROPHÉE
Observe la scène et trouve :

UN TROPHÉE

EN TRIBUNES

RÉPONSES SCÈNE 1,
VOIR LES ÉLÉMENTS ENTOURÉS CI-CONTRE :

UN TROPHÉE

L'ARRIVÉE AU STADE

RÉPONSE SCÈNE 2,
VOIR LES ÉLÉMENTS ENTOURÉS CI-CONTRE :

UN TROPHÉE

LA FAN ZONE

RÉPONSES SCÈNE 3,
VOIR LES ÉLÉMENTS ENTOURÉS CI-CONTRE :

UN TROPHÉE

ENTRÉE SUR LE TERRAIN

RÉPONSES SCÈNE 4,
VOIR LES ÉLÉMENTS ENTOURÉS CI-CONTRE :

UN TROPHÉE

LE VIEUX-PORT

RÉPONSES SCÈNE 5, VOIR LES ÉLÉMENTS ENTOURÉS CI-CONTRE :

UN TROPHÉE

VICTOIRE !

RÉPONSES SCÈNE 6, VOIR LES ÉLÉMENTS ENTOURÉS CI-CONTRE :

LES CALANQUES

UN TROPHÉE

RÉPONSES SCÈNE 7,
VOIR LES ÉLÉMENTS ENTOURÉS CI-CONTRE :

FÊTE DANS LES VESTIAIRES

UN TROPHÉE

RÉPONSES SCÈNE 8,
VOIR LES ÉLÉMENTS ENTOURÉS CI-CONTRE :

UN TROPHÉE

DANS LES RUES DU PANIER

RÉPONSES SCÈNE 9,
VOIR LES ÉLÉMENTS ENTOURÉS CI-CONTRE :

UN TROPHÉE

LA PARADE

RÉPONSES SCÈNE 10,
VOIR LES ÉLÉMENTS ENTOURÉS CI-CONTRE :

CÉLÉBRATION DE L'ÉQUIPE

UN TROPHÉE

RÉPONSES SCÈNE 11,
VOIR LES ÉLÉMENTS ENTOURÉS CI-CONTRE :

ENTRAÎNEMENT

UN TROPHÉE

RÉPONSES SCÈNE 12,
VOIR LES ÉLÉMENTS ENTOURÉS CI-CONTRE :

Illustrations : Marta Comito

Ouvrage dirigé par Mathilde Guillier
Contribution éditoriale : Audrey Roubinet
Conception graphique et maquette : Christophe Petit
Lecture et correction : Julie Montenot

34-36, rue La Pérouse - 75116 Paris
www.hugopublishing.fr

ISBN : 9782755675191
Dépôt légal : septembre 2024
Imprimé en Espagne par Estella Print